Jim Peal, Ph.D

REVISA TU ACTITUD

CUADERNO DE TRABAJO

Reconocimiento especial a
Juan Acevedo-Lucio, Editor de Traducción

© Copyright 2016 por Jim Peal, Ph.D.

ISBN 978-1-5413-6196-6

Publicado por Leadership Development Group, Oakland CA Tel. (01) 805-966-3323

¿Qué tiene que ver tu actitud en ésto?

Todos hemos estado cerca a alguien con una actitud negativa.

Mientras los estudios prueban lo que todos sabemos acerca del impacto de la actitud en el rendimiento profesional, si ésta es ignorada, la energía negativa se vuelve como una epidemia que se propaga a través de la oficina reduciendo la creatividad, productividad y por último los resultados finales del trabajo.

¡No seas la persona con la actitud negativa!

En vez de eso Revisa Tu Actitud.

Revisa la Tabla de Actitudes

En un vistazo puedes ver la mentalidad negativa y positiva que suelen presentarse en el trabajo y en tu vida, junto a consejos de cómo cambiar actitudes negativas a positivas y cómo fortalecer tus actitudes positivas.

La página web Revisa Tu Actitud, www.checkyourtude.biz, y la aplicación Revisa Tu Actitud para versión Apple o Android son fáciles de entender y usar. El sitio web y la versión de la aplicación para Negocios contienen herramientas de condicionamiento basadas en neurociencias. Maximiza Tus Fortalezas y Tu Fórmula de Éxito para que te ayuden a construir patrones de pensamiento positivo que te llevan a una vida productiva.

Este libro de guía práctico es un manual para el usuario, que señala donde se encuentran los centros de control para ajustar tu propia actitud. Aprenderás en poco tiempo cómo reconocer, darte cuenta, resolver y escoger tus actitudes. Aprenderás acerca de tu propio punto de vista, del impacto que haces y a cómo hacer los ajustes necesarios para mantener tu trabajo y vida en buen camino

Tabla de Contenido

¿Con qué mentalidad estás operando?

MENTALIDAD

LIDERAZGO

DRAMA

EVENTOS / PROBLEMAS / RETOS

DRAMA
Intención Negativa

- Se fija en lo que está mal
- Encuentra culpa
- Se cree superior
- Invalida e insulta
- Interrumpe y domina
- Hostilidad
- Crítico
- Quita energía
- Oculta información
- Sabotea

LIDERAZGO
Intención Positiva

- Asume lo mejor
- Curioso – pregunta
- Ve múltiples perspectivas
- Escucha generosamente
- Agrega energía
- Retoma puntos claves y los expande
- Apoya y valida
- Construye confianza
- Busca intereses comunes y acepta diferencias

REVISA TU ACTITUD®

Círculos de Comunicación

Nuestros círculos interactúan entre ellos para construir o destruir la confianza.

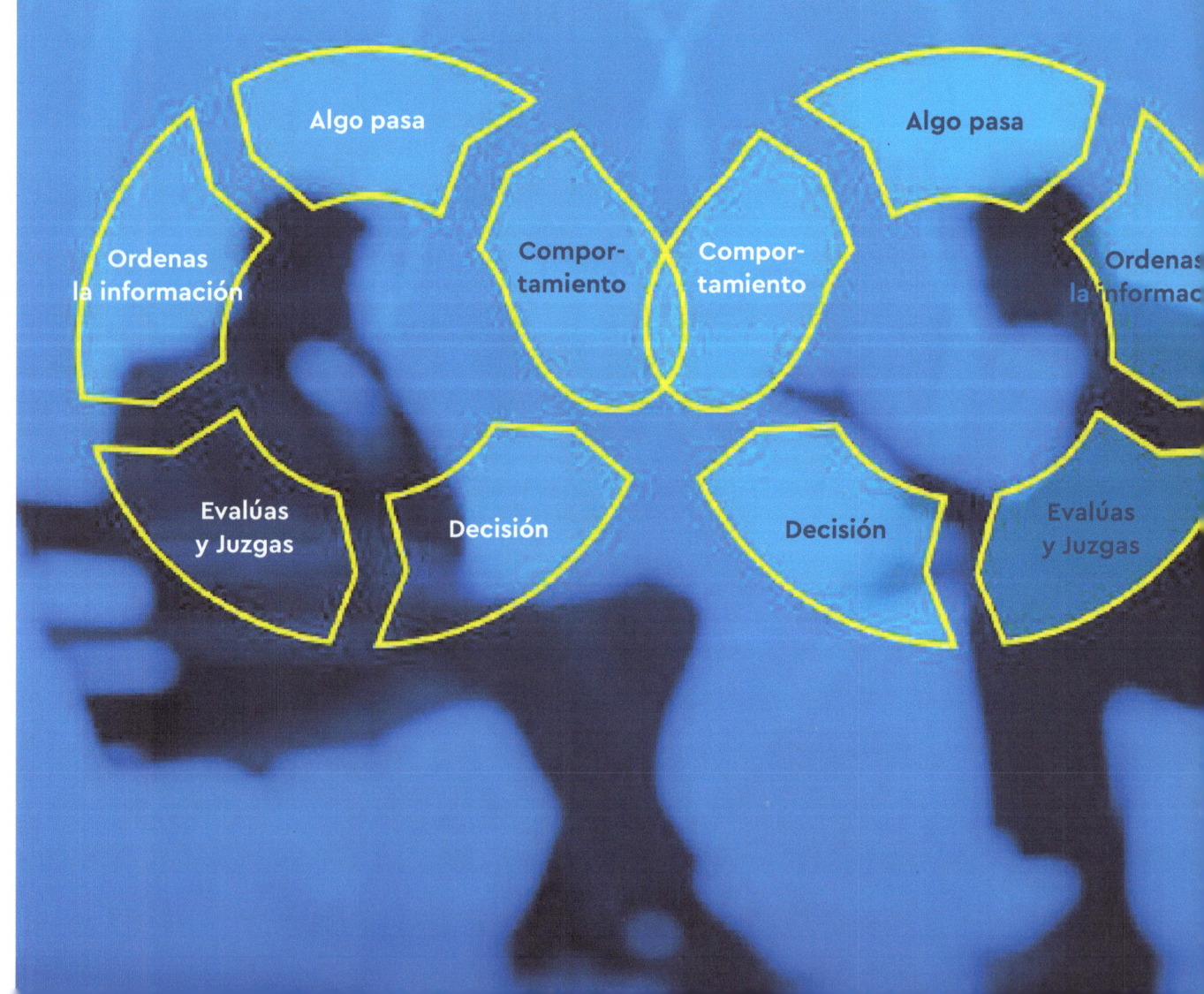

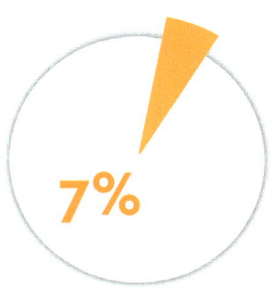

7%

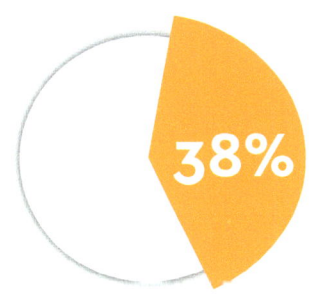

38%

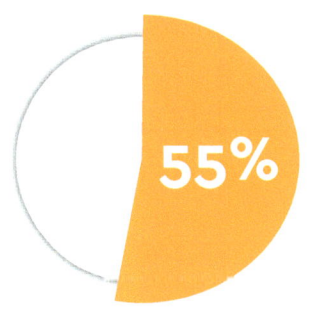

55%

Digital — Palabras	**Analógico** — Cómo las palabras son dichas	**Analógico** — Lenguaje corporal

El Contagio Emocional

Las emociones y actitudes se propagan rápidamente a través de tus comportamientos no-verbales, tus analógicos. En la mayoría del tiempo tu comportamiento no-verbal es tu punto ciego.

REVISA TU ACTITUD®

10

Operar en Liderazgo es como levantar una bandera todos los días, sin tener donde atarla. Se requiere intención, atención y práctica para mantener y forjar carácter.

VISIONARIO

MENTOR

MOTIVADOR

GUÍA

Liderazgo

Meta-Actitudes

Fortalezas

OPCIÓN

ADVERSARIO

RESCATISTA

CÍNICO

VÍCTIMA

Drama

Meta-Actitudes

Lado Oscuro

Drama es la reacción automática y negativa que normalmente surge con facilidad y no requiere inteligencia emocional, control o esfuerzo.

Revisa Tu Actitud®

Sb Sabotaje										Sv Servicio
Vt Víctima	Re Resignado	Sc Desconfiado	En Envidioso	Df Defensivo	In Inspirado	Cr Creativo	Cu Curiouso	Cm Comprometido		Vi Defensivo
Ad Adversario	Bl Acusador	Sr Sarcástico	Ag Enojado	Fs Frustrado	Eg Entregado	Pa Apasionado	Hu Alegre	Ac Responsable		Av Motivador
Rs Rescatista	Su Superior	Cn Controlador	Ha Motivo Escondido	Ar Arrogante	Hm Humilde	Tp Transparente	Tr Dar Confianza	Sp Alentador		Co Guía
Cy Cínico	Sk Escéptico	Ct Crítico	Is Insultado	Jg Sentencioso	Ap Aceptador	Cf Seguro	Ob Objectivo	Md Consciente		Mn Mentor

Intención Negativa
Lado Oscuro

Opción

Intención Positiva
Fortalezas

Organización de la Tabla

El esquema se ve como una tabla periódica química, pero consiste en estados mentales en vez de elementos.

Servicio o Sabotaje es el resultado final cuando escoges una intención Positiva o Negativa como la base de tus pensamientos.

Las columnas exteriores representan las Meta-actitudes de cada fila.

Los elementos en el interior están organizados simétricamente uno frente al otro.

Si estás en el lado rojo, mira a través de la fila al mismo lugar en el lado verde, donde verás una obvia posición (no es la única posición) que puedes tomar para ser más efectivo en el trabajo y feliz en tus relaciones y vida.

Si quieres fortalecer una cualidad positiva, puedes ver primero en la misma columna; de otro modo, escoge una fortaleza de cada fila para equilibrar tus puntos fuertes. Verás una reseña de los pares simétricos de actitudes en esta guía.

Notas

....

....

....

....

....

....

....

....

....

....

....

....

Revisa Tu Actitud®

Sb Sabotaje									**Sv** Servicio
Vt Víctima	**Re** Resignado	**Sc** Desconfiado	**En** Envidioso	**Df** Defensivo	**In** Inspirado	**Cr** Creativo	**Cu** Curiouso	**Cm** Comprometido	**Vi** Defensivo
Ad Adversario	**Bl** Acusador	**Sr** Sarcástico	**Ag** Enojado	**Fs** Frustrado	**Eg** Entregado	**Pa** Apasionado	**Hu** Alegre	**Ac** Responsable	**Av** Motivador
Rs Rescatista	**Su** Superior	**Cn** Controlador	**Ha** Motivo Escondido	**Ar** Arrogante	**Hm** Humilde	**Tp** Transparente	**Tr** Dar Confianza	**Sp** Alentador	**Co** Guía
Cy Cínico	**Sk** Escéptico	**Ct** Crítico	**Is** Insultado	**Jg** Sentencioso	**Ap** Aceptador	**Cf** Seguro	**Ob** Objectivo	**Md** Consciente	**Mn** Mentor

Intención Negativa
Lado Oscuro

Opción

Intención Positiva
Fortalezas

Las Meta-Actitudes
Llevan al Sabotaje o al Servicio

Las Meta-Actitudes son agrupaciones largas de actitudes. Éstas abarcan las actitudes que tienen el mismo color en la fila. Funciona mejor trabajar con una combinación de actitudes positivas, por lo menos una de cada fila verde, para equilibrar tus puntos fuertes. Trabajar únicamente en un punto fuerte lleva a exagerar el lado oscuro de esa fortaleza (lleva a los extremos negativos de esa cualidad). Equilibrar tus puntos fuertes mejora el impacto positivo de tus fortalezas.

Un **Víctima** se rinde porque está seguro que lo negativo en el pasado se convertirá en el futuro y que es incapaz de cambiar sus circunstancias.

El **Visionario** inspira creando la experiencia de un futuro tangible, lleno de pasión y entusiasmo por lo que se viene.

Drama   ## Liderazgo

Vt	Re	Sc	En	Df	In	Cr	Cu	Cm	Vi
Víctima	Resignado	Desconfiado	Envidioso	Defensivo	Inspirado	Creativo	Curiouso	Comprometido	Defensivo
Ad	**Bl**	**Sr**	**Ag**	**Fs**	**Eg**	**Pa**	**Hu**	**Ac**	**Av**
Adversario	Acusador	Sarcástico	Enojado	Frustrado	Entregado	Apasionado	Alegre	Responsable	Motivador
Rs	**Su**	**Cn**	**Ha**	**Ar**	**Hm**	**Tp**	**Tr**	**Sp**	**Co**
Rescatista	Superior	Controlador	Motivo Escondido	Arrogante	Humilde	Transparente	Dar Confianza	Alentador	Guía
Cy	**Sk**	**Ct**	**Is**	**Jg**	**Ap**	**Cf**	**Ob**	**Md**	**Mn**
Cínico	Escéptico	Crítico	Insultado	Sentencioso	Aceptador	Seguro	Objectivo	Consciente	Mentor

Intención Negativa
Lado Oscuro   Opción   Intención Positiva
                                                          Fortalezas

Notas

. . . . 17

. . . .

. . . .

. . . .

. . . .

. . . .

. . . .

. . . .

. . . .

. . . .

. . . .

. . . .

El **Adversario** usa su enojo para abusar, intimidar y amenazar con el fin conseguir lo que quiere.

El **Motivador** incita un sentido de urgencia mientras diseña procesos, identifica roles y responsabilidades, metas, y cronogramas de acción llevándonos desde el presente hacia una visión del futuro.

Drama **Liderazgo**

Vt	Re	Sc	En	Df	In	Cr	Cu	Cm	Vi
Víctima	Resignado	Desconfiado	Envidioso	Defensivo	Inspirado	Creativo	Curioso	Comprometido	Defensivo

Ad	Bl	Sr	Ag	Fs	Eg	Pa	Hu	Ac	Av
Adversario	Acusador	Sarcástico	Enojado	Frustrado	Entregado	Apasionado	Alegre	Responsable	Motivador

Rs	Su	Cn	Ha	Ar	Hm	Tp	Tr	Sp	Co
Rescatista	Superior	Controlador	Motivo Escondido	Arrogante	Humilde	Transparente	Dar Confianza	Alentador	Guía

Cy	Sk	Ct	Is	Jg	Ap	Cf	Ob	Md	Mn
Cínico	Escéptico	Crítico	Insultado	Sentencioso	Aceptado	Seguro	Objetivo	Consciente	Mentor

Intención Negativa
Lado Oscuro

Opción

Intención Positiva
Fortalezas

REVISA TU ACTITUD®

Notas

. . . .

. . . .

. . . .

. . . .

. . . .

. . . .

. . . .

. . . .

. . . .

. . . .

. . . .

. . . .

El **Rescatista** toma el control en vez de enseñar y empoderar a otros.

Un **Guía** mantiene tu atención fijamente de manera directa y respetuosa para revelar tu propia fortaleza y capacidad en tus actividades diarias.

Drama **Liderazgo**

| Vt | Re | Sc | En | Df | In | Cr | Cu | Cm | Vi |
| Víctima | Resignado | Desconfiado | Envidioso | Defensivo | Inspirado | Creativo | Curioso | Responsable | Defensivo |

| Ad | Bl | Sr | Ag | Fs | Eg | Pa | Hu | Ac | Av |
| Adversario | Acusador | Sarcástico | Enojado | Frustrado | Entregado | Apasionado | Alegre | Responsable | Motivador |

| Rs | Su | Cn | Ha | Ar | Hm | Tp | Tr | Sp | Co |
| Rescatista | Superior | Controlador | Motivo Escondido | Arrogante | Humilde | Transparente | Dar Confianza | Alentador | Guía |

| Cy | Sk | Ct | Is | Jg | Ap | Cf | Ob | Md | Mn |
| Cínico | Escéptico | Crítico | Insultado | Sentencioso | Aceptador | Seguro | Objetivo | Consciente | Mentor |

Intención Negativa
Lado Oscuro

Opción

Intención Positiva
Fortalezas

REVISA TU ACTITUD®

Notas

....

....

....

....

....

....

....

....

....

....

....

....

El **Cínico** extingue todo positivismo con su visión negativa del mundo y la creencia de que las personas son esencialmente malas.

Everybody lies.

El **Mentor** enseña a las personas a reconocer sus hábitos, los lleva a descubrir más acerca de ellos mismos y a tomar decisiones que faciliten su crecimiento, desarrollo y evolución a largo plazo.

Drama **Liderazgo**

Vt	Re	Sc	En	Df	In	Cr	Cu	Cm	Vi
Víctima	Resignado	Desconfiado	Envidioso	Defensivo	Inspirado	Creativo	Curioso	Comprometido	Defensivo
Ad	Bl	Sr	Ag	Fs	Eg	Pa	Hu	Ac	Av
Adversario	Acusador	Sarcástico	Enojado	Frustrado	Entregado	Apasionado	Alegre	Responsable	Motivador
Rs	Su	Cn	Ha	Ar	Hm	Tp	Tr	Sp	Co
Rescatista	Superior	Controlador	Motivo Escondido	Arrogante	Humilde	Transparente	Da Confianza	Alentador	Guía
Cy	**Sk**	**Ct**	**Is**	**Jg**	**Ap**	**Cf**	**Ob**	**Md**	**Mn**
Cínico	Escéptico	Crítico	Insultado	Sentencioso	Aceptador	Seguro	Objectivo	Consciente	Mentor

Intención Negativa
Lado Oscuro

Opción

Intención Positiva
Fortalezas

Notas

....

....

....

....

....

....

....

....

....

....

....

....

REVISA TU ACTITUD®

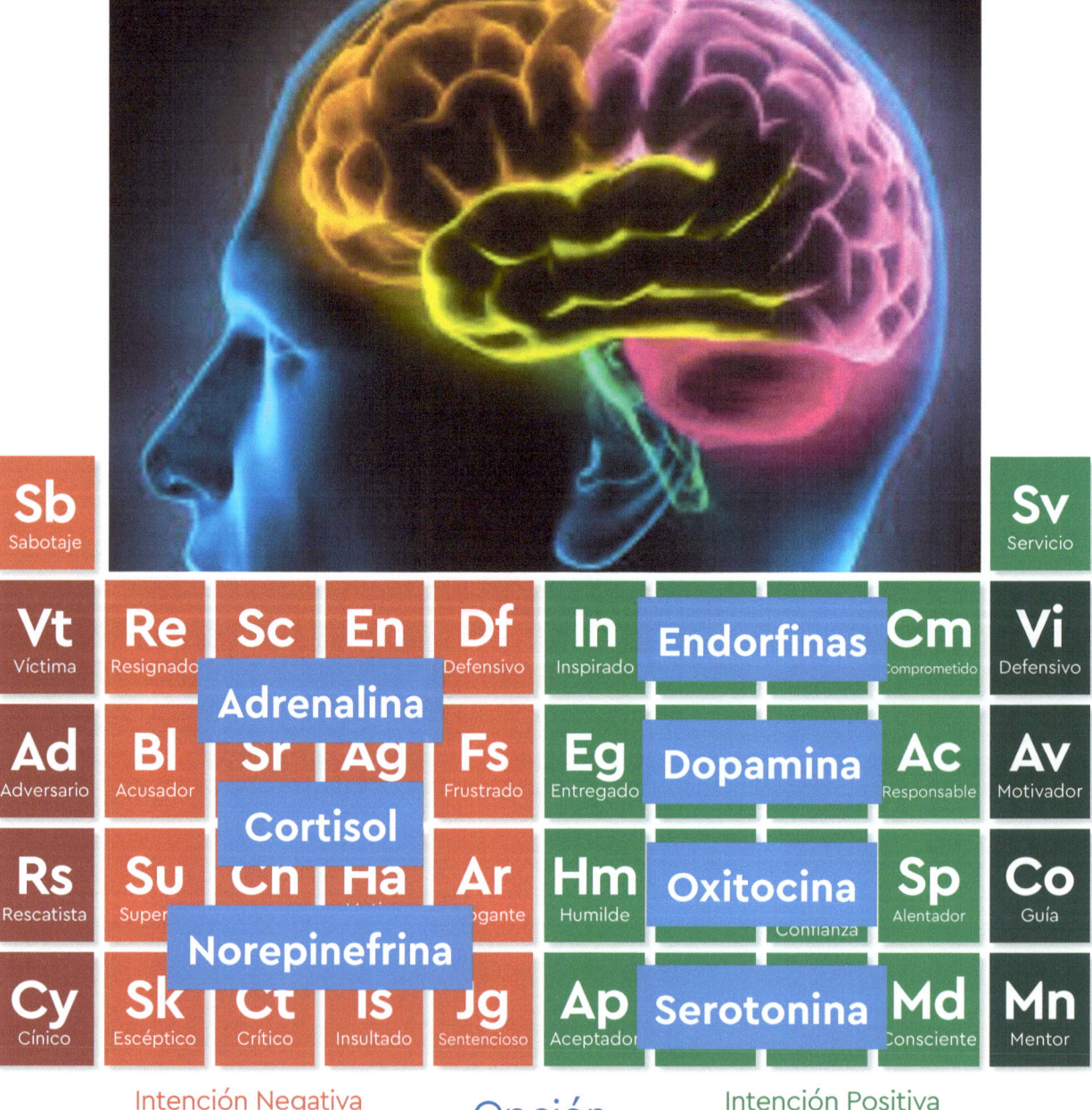

Guía Revisa Tu Actitud

Los pasos para darte cuenta de tu mentalidad negativa y limitante, y cambiar a una mentalidad positiva y productiva.

1. ¿Cuáles son tus **Fortalezas de Intención Positiva**?
2. ¿Qué situación/persona te incita a entrar en tu **Lado Oscuro de Intención Negativa**?
   - ¿En qué posición te encuentras? (¿Cómo te sientes?)
   - ¿Cuál es el pensamiento o conclusión que comienzas a generar?
3. Entra al **Punto de Elección**. Pausa por un momento.
   - Toma un breve respiro para despejar tu estado emocional y calma tus pensamientos.
4. ¿Qué **Fortalezas de Intención Positiva** serían útiles en ésta situación?
   - Examina la situación en tu mente desde el punto de **Fortalezas de Intención Positiva**.
   - ¿Qué diferencia hace en la forma que piensas, sientes y actúas?
5. ¿Qué **recordatorio/ancla** puedes poner en pie para transformarte rápidamente hacia **Intenciones Positivas**?

PAUSE

Punto de opciones....neutralizadores de la negatividad

Abajo hay cosas que puede **HACER** para ayudar a neutralizar una actitud negativa. Encuentre el ejercicio o una combinación de los ejercicios que trabaje mejor para ti o invente uno.

1. Pausa – mantener la boca cerrada por un momento, es mejor no hablar cuando este en el rojo.

2. Cambie su postura de su cuerpo – relajese por un momento y mirese a si mismo o a la situación desde atrás, de arriba, o de lado.

3. Tome un descanso – removerse de la situación por el tiempo necesario. Regrese cuando este en el color verde.

4. Reinicie su respiracion – su respiración tiene un impacto enorme en su estado emocional. Tome diez respiraciones profundos y despacios: inhale por la nariz y exhale por la boca. Cuente de diez a uno con cada respiración.

5. Imagine que este mandando la energía negativa afuera hacia al horizonte con sus exhalaciones y respirando por dentro las cualidades que necesita en este momento. Limpie su sistema hasta que este inhalando y exhalando energía positiva.

6. Salte en un pie y repita "verde" con cada salto hasta que sienta un cambio.

7. Removerse de si mismo por un momento y tome nota de sus pensamientos y sentimientos.

8. Haga una encuesta de sus sensaciones físicas que este teniendo. Haga nota de sus sentimientos y en donde en su cuerpo lo esta sintiendo.

9. Pregúntese, "¿Esto realmente vale la pena enojarme?" "¿Es esto una batalla que vale la pena pelear?"

10. Tome inventario de sus pensamientos. ¿Que son? Escríbalos en un papel y examinelos. ¿Que fue lo dicho o hecho que lo hizo enojarse? ¿Cual fue el sentido que le dio que lo hizo negativo o peor? ¿Esto es una reacción que ha tenido en otras situaciones?

11. ¿Pongase en los zapatos de la otra persona y mire la situación desde su perspectiva. ¿Cómo están ellos enojados o perplejos? ¿Como se mira a si mismo y como suena en los ojos de ellos?

REVISA TU ACTITUD®

Punto de opciones....neutralizadores de la negatividad

Abajo hay unas cosas que puede DECIR para ayudar a neutralizar su actitud negativa o la actitud en que los dos están. Encuentre una frase o combinación de frases que trabaje mejor para usted o invente uno.

1. "Quiero continuar nuestra conversación y necesito un momento para agarrar objetivó."
2. "Estoy dándome cuenta que estoy teniendo una reacción muy fuerte que me no me permite escucharte, tomemos un momento solos"
3. "Creo que estamos en el rojo, porque no tomemos un momento para calmarnos y regresar a nuestra conversación"
4. "Terminemos nuestra conversación después de que tomemos un momento solos."
5. "Espera un momento, eso me tocó un nervio. Necesito un momento."
6. "Continuemos nuestra conversación mientras que caminemos."
7. "No creo que te entiendo, ¿podrías decirme tu idea en una manera diferente?"
8. "¿Podemos tomar una piez para atrás y ver que está pasando aquí? Que estamos tratando de lograr?"
9. "No creo que nos estamos entendiendo, pasemos por nuestra conversación punto a punto para encontrar el punto de esta conversación."
10. "Cuando dijiste _____ , que estabas tratando de comunicarme?"
11. "Aquí es donde estamos de acuerdo... Y aquí es donde parece que no estamos de acuerdo... usted que ve?"
12. "Acabo de darme cuenta que estoy reaccionando defensivamente."
13. "¿Cuales son los datos y que son los sentimientos de esta situación?"
14. "Se me está haciendo difícil seguir tu punto, ¿me puedes explicar tu proceso de pensar?"
15. "Cuando miro esta problema desde tu punto de vista, veo _____. ¿Que tan cerca es lo yo que dije a lo que tú estás viendo y lo que sientes?

Sitio Web y Aplicaciones

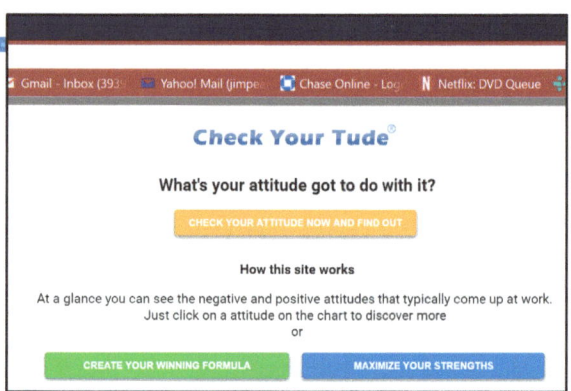

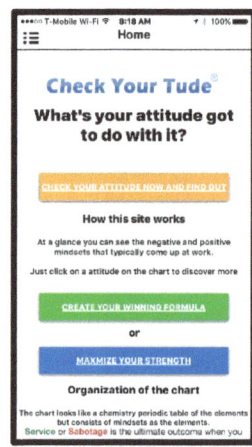

REVISA TU ACTITUD AHORA PARA TU CONOCIMIENTO

Esquema e información en Reconocer, Darse cuenta y Resolver.

CREA TU FÓRMULA DE ÉXITO

La Fórmula de Éxito es un programa de neurociencias que te ayuda a mejorar tu habilidad de cambiar y transformar tus actitudes negativas a actitudes positivas. Te da la oportunidad de familiarizarte con el esquema y tus patrones de actitud.
5 Rondas y calculará tu Fortaleza más sobresaliente.

MAXIMIZA TUS FORTALEZAS

Maximiza Tus Fortalezas es un programa de neurociencias que te ayudará a mejorar tu habilidad de cambiar y transformar tus actitudes negativas a actitudes positivas. Te da la oportunidad de familiarizarte con el esquema y tus propios patrones de actitud.
10 rondas y calculará en orden de rango tus 4 fortalezas más sobresalientes y te dará consejos en cómo balancear tus fortalezas.

Intención Negativa
Lado Oscuro

Opción

Intención Positiva
Fortalezas

La tabla Revisa Tu Actitud está disponible como una aplicación web personalizable y plataforma de aprendizaje electrónica que puede funcionar en tus servidores/ remotamente y provee aplicaciones móbiles para tus empleados. Ofrecemos 3 niveles de personalización, licencia y entrenamiento para tu compañía.

Llama o escribe por correo electrónico para mayor información

Jim Peal, Ph.D.

james@peal.com

Tel. 805-966-3323

Imperative
Change

Mira a Jim Peal en **TEDx** – "Decisions That Define Us"
Liderazgo, Equipo & Desarrollo Organizacional
Libros en Amazon
www.peal.com

REVISA TU ACTITUD®

Notas

....

....

....

....

....

....

....

....

....

....

....